cocina**fácil**internacional
Postres

cocina**fácil**internacional
Postres

CONTENIDO

TÉCNICAS 6

RECETAS 14

Clave de símbolos

Las recetas de este libro están acompañadas por símbolos que indican información importante.

 Informa el número de comensales para los que está pensada la receta, o la cantidad.

 Indica el tiempo necesario para preparar y cocinar un plato. Junto a este símbolo se indica si es necesario tiempo adicional para operaciones como marinar, reposar, dejar que suba una masa o enfriar. Deberá leer la receta para saber exactamente cuánto tiempo más se necesita.

 Avisa lo que hay que hacer antes de comenzar a cocinar la receta, o partes de la misma que requieran un tiempo prolongado.

 Indica la necesidad de utensilios especiales. Siempre que sea posible, se ofrecen alternativas.

 Introduce información sobre congelación.

Técnicas

Hacer helado

Es fácil hacer helado a mano. Con máquina obtendrá una textura más fina.

Con máquina

1 Abra 2 vainas de vainilla, raspe y reserve las semillas. Ponga las vainas en una cacerola con 500 ml de crema de leche líquida y ponga a hervir. Añada 75 g de azúcar morena, y bata hasta que se disuelva.

2 En un bol, bata bien 4 yemas de huevo, y cuele sobre estas la mezcla de crema de leche aún con algo de calor, sin dejar de revolver. Agregue las semillas de vainilla reservadas y revuelva.

3 Vierta la mezcla en un recipiente alargado metálico o plástico y deje enfriar por completo.

4 Una vez enfríe bien, llévelo al congelador. Cuando se congele, envuélvalo con dos vueltas de plástico adherente. Se conserva tres meses.

A mano

1 Prepare un bol de crema inglesa (véase p. anterior) y enfríelo dentro de otro lleno de hielo. Revuelva la mezcla sin parar para evitar que se forme una capa sólida en la superficie.

2 Siga revolviendo para asegurarse una textura suave. Añada 240 ml de crema de leche para batir y revuelva suavemente hasta mezclarla por completo.

Hacer sorbetes

Una mezcla helada de sirope, azúcar y agua (o vino tinto o blanco), ligera y refrescante después cualquier comida.

1 Lleve a ebullición los ingredientes. Baje el fuego y déjelo 2–3 min, revolviendo. Déjelo enfriar y viértalo en una bandeja de horno. Póngalo a congelar. Cuando esté casi congelado, rompa los trozos con un tenedor.

2 Sáquelo del congelador 5–10 min antes de servirlo para que se derrita un poco. Raspe el sorbete congelado con una cuchara y sírvalo en vasos previamente helados.

Hacer sorbete de frutas

Más ligero que el helado y perfecto para limpiar el paladar.

1 Mezcle 75 g de azúcar en una cacerola con 60 ml de agua. Deje hervir despacio 5–10 min, hasta que el azúcar se disuelva y la mezcla espese.

2 Ponga 1 kg de fresas en un procesador de alimentos y hágalas puré (como alternativa, páselas por un colador para retirar las semillas). Vierta el almíbar sobre el puré de fresas y revuelva.

3 Pase la mezcla a un recipiente apto para el congelador, cuanto menos profundo, mejor (se congelará antes). Deje enfriar por completo, y ponga en el congelador.

4 Una vez congelado, sáquelo, revuélvalo hasta romper los cristales de hielo, y devuelva al congelador. Es mejor consumir el sorbete en pocos días: el sabor a fruta fresca tiende a perderse con el tiempo.

Hacer crepes

Para hacerlas bien hay que centrarse en la temperatura y el batido perfectos. Véase p. 14 para las cantidades de los ingredientes.

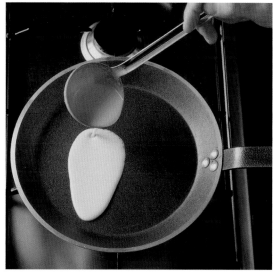

1 Caliente un poco de mantequilla clarificada en una sartén para crepes y elimine el exceso. Con la sartén inclinada, vierta un poco de masa de crepe.

2 Vaya inclinando y girando la sartén mientras vierte más masa hasta cubrir en una fina capa todo el fondo.

3 Cuando la crepe se dore por debajo, levántela y dele la vuelta con una espátula larga.

4 Dórela por el otro lado. Siga haciendo crepes hasta que se acabe la masa y ponga las ya hechas entre capas de papel sulfurizado.

Hacer merengues

Quedarán caramelizados y crujientes por fuera, y suaves por dentro. Para las cantidades de los ingredientes, véase p. 45.

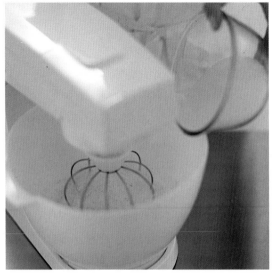

1 Bata las claras en un bol grande a velocidad media con la mitad del azúcar y las vainas de vainilla.

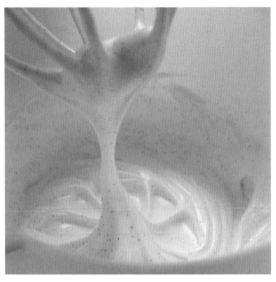

2 Siga batiendo hasta que la mezcla quede suave, lustrosa y firme.

3 Incorpore poco a poco el resto del azúcar con una espátula de goma, intentando que la mezcla no pierda volumen.

4 Dé forma a los merengues y hornéelos hasta que el centro quede dorado. Déjelos secar dentro del horno apagado y con la puerta abierta, al menos 8 h o toda la noche.

Moldear merengue

Con una manga pastelera y diferentes boquillas se pueden dar muchas formas y tamaños al merengue; es ideal para rematar tartas.

Para hacer discos o capas, use una boquilla con forma de estrella. Vierta el merengue en espiral desde el centro hacia fuera sobre una lata de horno con papel sulfurizado. Hornee 1 h y 20 min, y déjelo secar.

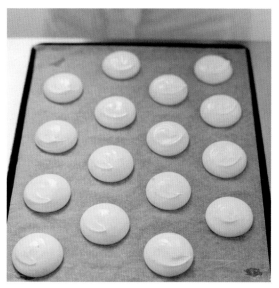

Para hacer conchas, ponga una boquilla lisa en la manga pastelera. Haga montoncitos del mismo tamaño y hornéelos 1 h y 10 min. Déjelos secar.

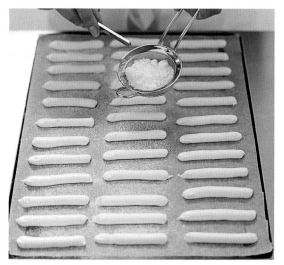

Para hacer dedos, use una boquilla lisa. Cree bastoncillos finos y regulares, espolvoréelos con azúcar glas, hornéelos 30–35 min y déjelos secar.

Para cubrir una tarta, use una boquilla en forma de estrella. Reparta el merengue sobre la tarta creando un dibujo con picos, espolvoréelo con azúcar glas y póngalo a gratinar unos minutos o hasta que se dore.

Hacer caramelo

Para evitar que el azúcar se cristalice, hay que añadir glucosa líquida.

Caramelo líquido

1 Ponga 150 ml de agua, 330 g de azúcar y 120 g de glucosa líquida en una cacerola a fuego lento y revuelva con una cuchara de madera. Repase la pared de la cacerola con un pincel para evitar que los granos de azúcar se peguen y se cristalicen. Cuando el azúcar se haya disuelto, lleve a ebullición.

2 Cuando el caramelo se ponga marrón y adquiera la consistencia suficiente para adherirse a una cucharilla, corte la cocción sumergiendo la base de la cacerola en un bol lleno de agua con hielo.

Salsa de caramelo

Retire la cacerola del hielo pasado 1 min, pero mientras el caramelo está todavía caliente. Añada 1 nuez de mantequilla blanda y crema de leche semibatida o agria al gusto, y bata hasta que la salsa quede espesa, suave y ligeramente pegajosa. Vuelva a poner el bol a fuego lento hasta que hierva o hasta que la salsa alcance los 103 °C. Utilice un termómetro para azúcar para medir la temperatura exacta del caramelo.

Preparar chocolate

Enfríe el chocolate antes de cortarlo y rallarlo, ya que el calor de sus manos lo derretirá.

Para picarlo, rómpalo con las manos en trocitos y métalos en el congelador unos minutos. Póngalo en una tabla y píquelo con un cuchillo, sujetando la punta hacia abajo, como si picara cebolla.

Para rallarlo, frótelo, previamente enfriado, con un rallador de agujeros grandes. Si empieza a derretirse, vuelva a ponerlo en el congelador. Cuando se haya endurecido, siga rallando.

Para fundirlo, hierva agua en una cacerola. Baje el fuego. Ponga el chocolate picado en un bol resistente al calor y póngalo en la cacerola al baño María; revuelva hasta que esté suave, con una consistencia uniforme.

Extienda chocolate blando o derretido sobre una superficie de mármol fría. Rasque el chocolate con la hoja del cuchillo para crear los rizos.

Crepes de azúcar y limón

Ideales para el desayuno, la comida o la merienda. Estas crepes son un capricho para toda la familia

INGREDIENTES
115 g de harina
¼ de cdta. de sal
1 huevo
300 ml de leche
3 cdas. de aceite vegetal para freír
jugo y rodajas de limón y azúcar pulverizada para servir

PREPARACIÓN
1 Cierna la harina y la sal; viértalas en un bol grande y deje un hueco en el centro. Añada el huevo y la leche y bátalos, añadiendo gradualmente harina de los costados hasta obtener una salsa suave y fina. Añada poco a poco la leche restante y bátalo todo hasta que quede una pasta suave. Déjelo reposar 10 min.

2 Precaliente el horno a la temperatura más baja. Caliente la sartén a fuego alto hasta que esté bien caliente. Ponga una fina capa de aceite vegetal que cubra toda la base y elimine el exceso.

3 Ponga 3 cdas. de pasta en el centro de la sartén y vaya girándola para extenderla por toda la base. Hágala unos 2 min o hasta que aparezcan burbujas; con una espátula, dele la vuelta y déjela que se cocine unos 30 s o hasta que dore (para la técnica paso a paso, véase p. 9).

4 Retírela y manténgala caliente en el horno. Repita el proceso hasta que se termine la pasta.

5 Sírvalas calientes, espolvoreando azúcar y jugo de limón encima. Adorne con rodajas de limón.

Para 4

Prep. 5 min, más reposo • cocinar 10 min

Sartén de crepes de 18 cm

Las crepes se pueden guardar congeladas entre hojas de papel sulfurizado hasta tres meses

Crepes flambeadas

Esta variación de las clásicas crepes *Suzette* pone un espectacular punto final a cualquier cena

INGREDIENTES

100 g de harina
2 huevos batidos
aceite de girasol o de maní
una pizca de sal
250 ml de leche
mantequilla para freír

Para la salsa flambeada

60 g de mantequilla sin sal
100 g de jarabe de arce
ralladura y jugo de 2 naranjas
4 cdas. de *brandy* o licor de naranja

PREPARACIÓN

1 Para hacer la pasta de crepe, ponga la harina en un bol grande y haga un hueco en el centro. Incorpore los huevos, con aceite y sal al gusto, y vaya añadiendo la leche poco a poco hasta obtener una masa suave y fina.

2 Ponga una sartén de crepes de 23 cm a fuego medio hasta que esté caliente. Añada una nuez de mantequilla y distribúyala por toda la base. Vierta un poco de masa y vaya girando la sartén para que quede una capa uniforme. Deje que se cocine 1–2 min, o hasta que la base se dore. Dele la vuelta y deje que se cocine 1 min más o hasta que se dore (véase p. 9). Pliegue la crepe en cuartos en la sartén, sáquela y repita para hacer el resto de crepes.

3 Para hacer la salsa, derrita la mantequilla en una sartén aparte, a fuego medio. Añada el jarabe de arce, el jugo y la corteza de naranja y revuelva 5 min, hasta que el jarabe se disuelva y la salsa espese un poco.

4 Añada las crepes una por una a la salsa. Vierta el *brandy* en un cucharón limpio y acérquele una llama para encenderlo. Vierta enseguida el líquido en llamas sobre las crepes y sírvalas calientes.

Para 4

**Prep. 25–35 min
• cocinar 15–20 min**

**Sartén para
crepes de 23 cm**

**Las crepes se
pueden guardar
congeladas entre
hojas de papel
sulfurizado hasta
tres meses**

Clafoutis de cerezas

Este clásico plato francés se puede saborear tibio
o a temperatura ambiente

INGREDIENTES

750 g de cerezas
3 cdas. de *kirsch**
75 g de azúcar pulverizada
mantequilla para engrasar
4 huevos grandes
1 vaina de vainilla partida
100 g de harina
300 ml de leche
una pizca de sal
azúcar glas para espolvorear

PREPARACIÓN

1 Ponga las cerezas con el *kirsch* y 2 cdas. de azúcar en un bol de tamaño medio y déjelas reposar 30 min.

2 Precaliente el horno a 200 °C (gas 6). Unte con mantequilla el molde y déjelo aparte.

3 Escurra el líquido de las cerezas y bátalo con los huevos, las vainas de vainilla y el azúcar restante. Incorpore la harina y bata suavemente, añada la leche y la sal y mezcle hasta obtener una pasta suave.

4 Disponga las cerezas en el molde y vierta la masa encima. Hornéelas entre 35 y 45 min, o hasta que la parte superior quede dorada y el centro sea firme al tacto.

5 Espolvoree con azúcar glas y deje enfriar el molde sobre una rejilla. Sirva el *clafoutis* tibio o a temperatura ambiente.

---

*   Use licor de cerezas como alternativa al *kirsch*.

Para 6

**Prep. 12 min,
más reposo
• cocinar 35–45 min**

Molde de 25 cm

Tarta tatin de piña y sirope dorado

Esta tarta de reluciente color dorado no podría ser más fácil de hacer; se hornea «al revés», para que la piña quede arriba al darle la vuelta

INGREDIENTES

2–3 cdas. de sirope dorado
1 lata de 400 ml de piña en rodajas, escurrida
150 g de mantequilla
125 g de azúcar refinada
2 huevos
175 g de harina con polvo de hornear o levadura, cernida
1–2 cdas. de leche

PREPARACIÓN

1 Precaliente el horno a 180 °C (gas 4). Engrase la bandeja de horno. Cubra la base con sirope dorado, coloque encima las rodajas de piña y reserve.

2 Ponga la mantequilla y el azúcar en un bol y bata con un batidor de varillas hasta que quede pálida y cremosa. Agregue los huevos de uno en uno, con un poco de la harina entre uno y otro. Incorpore la harina restante, bata y añada luego la leche poco a poco hasta que la mezcla deje de pegarse a las varillas. Vierta la mezcla sobre la piña y hornee 40–50 min, o hasta que la tarta quede bien dorada y recupere la forma al tacto. Sirva caliente.

Para 4–6

Prep. 10 min
• cocinar 50 min

Bandeja de
horno de 1,2 l
• batidor de
varillas

Se puede congelar
en la fuente,
envuelto en film
transparente,
hasta tres meses

Tarta de banoffee

El nombre de este postre de éxito garantizado se debe a su delicioso relleno de bananos y dulce de leche –*toffee*–

INGREDIENTES
1 base de tarta preparada de 20 cm
200 g de salsa de caramelo espeso preparado (como dulce de leche)
2–3 bananos maduros
300 ml de crema de leche líquida o para batir
25 g de chocolate negro

PREPARACIÓN
1 Ponga la base de tarta sobre un plato de servir, vierta sobre ella la salsa de caramelo y extiéndala. Corte los bananos en rodajas y reparta por encima.

2 Ponga la crema de leche en un bol, bata con un batidor de varillas hasta que crezca y cubra con ella los bananos. Ralle el chocolate por encima (véase p. 13) y sirva.

Para 8

Prep. 15 min

Batidor
de varillas

Piña con menta

Un refrescante colofón para cualquier comida

INGREDIENTES

1 piña grande madura
1 granada
ralladura fina y jugo de 1 lima
25 g de hojas de menta picadas
2 cdas. de azúcar morena suave

PREPARACIÓN

1 Con un cuchillo afilado, pele la piña. Corte la pulpa en cuartos. Quíteles el corazón leñoso y corte finas láminas. Distribúyalas en la bandeja de servir.

2 Corte la granada por la mitad y desgránela, eliminando todas las membranas. Esparza los granos sobre las láminas de piña y rocíe todo con el jugo de lima.

3 Mezcle la menta con la ralladura de lima y el azúcar en un bol. Espolvoree la mezcla sobre la fruta de manera uniforme y guarde la fuente en el refrigerador durante al menos 1 h. Antes de servir, devuélvala a temperatura ambiente.

Para 4

Prep. 20 min,
más enfriado

Sabayón

Esta crema italiana fue inventada en el siglo XVII, cuando por error se vertió vino sobre unas natillas

INGREDIENTES
4 yemas de huevo
4 cdas. de azúcar pulverizada
8 cdas. de marsala*
ralladura fina de 1 naranja
8 bizcochos de soletilla para servir

PREPARACIÓN
1 Ponga a hervir agua en una cacerola grande. Cuando rompa el hervor, déjela a fuego lento.

2 Ponga las yemas, el azúcar, el marsala y la mitad de la ralladura de naranja en un bol de vidrio y colóquelo sobre el agua hirviendo. Comience a batir de inmediato. Bata 5-10 min o hasta que la mezcla quede pálida, espesa, cremosa y tibia.

3 Viértala en 4 copas de coctel y decórelas con la ralladura de naranja restante. Sírvalas de inmediato acompañadas de unos bizcochos de soletilla.

---

* Use oporto o cualquier vino dulce como alternativa al marsala.

Para 4

Prep. 5 min
• cocinar 10 min

Crème brûlée de frambuesas

Las frambuesas frescas dan un toque muy especial a este postre francés clásico

INGREDIENTES

200 g de frambuesas
4 yemas de huevo grandes
8 cdas. de azúcar pulverizada
560 ml de crema de leche líquida
1 cdta. de extracto de vainilla

PREPARACIÓN

1 Reparta las frambuesas entre los moldes. Ponga las yemas y 2 cucharadas del azúcar en un bol grande y bata con el batidor de varillas hasta que la mezcla comience a espesar y quede clara y cremosa.

2 Caliente lentamente la crema de leche en una cacerola 5 min. No deje que hierva. Retire del fuego, añada y mezcle el extracto puro de vainilla y deje enfriar 5 min.

3 Vaya añadiendo poco a poco la crema de leche aún algo caliente a la mezcla de huevo, sin dejar de batir. Luego, devuelva la mezcla a la cacerola y llévela a fuego bajo por un par de minutos, revolviendo constantemente con una cuchara de madera hasta que espese. No permita que hierva. Reparta la crema entre los moldes y deje que se enfríe del todo. Refrigérela por 2 h o toda la noche para que tome consistencia.

4 Para servir, rocíe las cremas con el azúcar restante y dore en el horno hasta que el azúcar se caramelice; también puede usar un soplete, barriendo con la llama para lograr el mismo efecto. Deje que la costra se endurezca 20 min antes de servir.

Para 6

Prep. 10 min, más enfriado • cocinar 30 min

Enfriado 2 h o toda la noche si es posible

6 moldes • batidor de varillas

Minipudines estivales

El pudín estival suele ser un solo postre grande, pero esta versión ofrece una ración individual a cada comensal

INGREDIENTES

unas 9 rebanadas de pan blanco, sin la corteza

700 g de frutas y bayas rojas variadas

75 g de azúcar pulverizada, o al gusto, y un poco para espolvorear (opcional)

PREPARACIÓN

1 Forre los moldes para pudines con el pan, partiendo las rebanadas de modo que encajen. Recuerde guardar algo de pan para cubrir una vez añadida la fruta. Asegúrese de forrar bien los moldes, pues el pudín se romperá por los huecos al darle la vuelta.

2 Ponga la fruta en una cacerola con el azúcar pulverizada y 250 ml de agua. Lleve a ebullición y revuelva hasta que se disuelva el azúcar. Deje hervir a fuego bajo 5 min, o hasta que la fruta empiece a ablandarse y a soltar su jugo. Pruebe y añada más azúcar si es necesario. Pase parte del líquido a los moldes para que el pan empiece a absorberlo. Reparta la fruta entre los moldes, presionando para que quepa la mayor cantidad posible y el pan absorba el líquido: no debe verse ninguna parte blanca en el pan en el momento de desmoldar los pudines; además, apretar la fruta lo máximo posible impedirá que se desmoronen. Cubra el relleno de frutas con el pan restante. Luego, reparta con una cuchara el jugo restante hasta que no se vea ninguna parte blanca en el pan.

3 Cubra cada molde con plástico adherente bien sellado y ponga a enfriar en el refrigerador al menos 2 h. Para servir, desmóldelos en platos individuales. Espolvoree con azúcar pulverizada al momento de servir, si lo desea.

Para 6

Prep. 30 min, más enfriado

Enfriado 2 h o toda la noche si es posible

6 moldes para pudines de 200 ml

Los pudines se pueden congelar en sus moldes, cubiertos con plástico adherente, hasta dos meses

Suflé caliente de naranja

Los suflés calientes no son difíciles de preparar, pero se requiere un poco de cuidado. Este es un suflé dulce con ralladura de naranja

INGREDIENTES

50 g de mantequilla derretida
60 g de azúcar pulverizada más un poco para espolvorear
45 g de harina
300 ml de leche
ralladura fina de 2 naranjas
2 cdas. de jugo de naranja
3 huevos, clara y yema separadas
1 clara de huevo

PREPARACIÓN

1 Precaliente el horno a 200 °C (gas 6). Ponga una lata en el horno.

2 Engrase los moldes con la mantequilla fundida y espolvoree el interior con azúcar, asegurándose de cubrirlos uniformemente.

3 Ponga la harina y la mantequilla fundida restante en una cacerola y lleve a fuego lento 1 min. Retire del fuego y vierta gradualmente la leche. Lleve de nuevo al fuego y deje hervir, sin parar de revolver. Deje 1–2 min y retire nuevamente del fuego. Añada la ralladura y el jugo de naranja, y todo el azúcar excepto 1 cda.

4 Añada las yemas de huevo y mezcle bien. Bata las claras hasta llegar casi a punto de nieve e incorpore la cucharada de azúcar restante, mezclando. Agregue 1 cda. de claras de huevo a la mezcla de las yemas para rebajarla y luego incorpore con cuidado el resto de las claras.

5 Vierta la mezcla en los moldes, retirando con un cuchillo pequeño lo que pase del borde superior. Póngalos en la lata caliente y hornee 12–15 min o hasta que los suflés aumenten de volumen y queden dorados pero ligeramente húmedos en el centro.

Para 4

Prep. 20 min
• cocinar 12–15 min

4 moldes individuales

Congelar en
los moldes, sin
hornear, hasta
un mes

Pudín de banano y caramelo

Un delicioso postre de invierno que se prepara casi tan rápido como se consume

INGREDIENTES

115 g de mantequilla
115 g de azúcar morena clara
200 ml de crema de leche
6 cdas. de jarabe de arce
225 g de bizcocho de jengibre en trozos
2 bananos grandes
60 g de pacanas picadas

PREPARACIÓN

1 Precaliente el horno a 190 °C (gas 5). Ponga la mantequilla, el azúcar, la crema de leche y el jarabe de arce en una sartén pequeña y caliéntelos, revolviendo, hasta obtener una salsa homogénea.

2 Engrase una bandeja de horno de 20 x 30 cm. Disponga en ella el bizcocho y los bananos, vierta la salsa de caramelo por encima y esparza las pacanas picadas por encima. Hornee 10 min o hasta que la salsa comience a burbujear.

Para 6

Prep. 5 min
• cocinar 10 min

Bandeja de
horno de
20 x 30 cm

Mousse de chocolate

Si quiere que sea absolutamente inolvidable, utilice chocolate
con un 70% o más de cacao

INGREDIENTES
100 g de chocolate negro con 70% de cacao, troceado
1 cda. de leche
2 huevos, clara y yema separadas
35 g de azúcar pulverizada
150 ml de crema de leche para batir fría
chocolate negro rallado o en virutas para servir

PREPARACIÓN
1 Ponga el chocolate y la leche al baño María en un bol resistente al calor. Cuando el chocolate se haya derretido, revuelva hasta que quede uniforme y retírelo del fuego. Déjelo enfriar un poco.

2 Bata las dos yemas con el azúcar en un bol grande hasta que queden espesas y cremosas. Añada la mezcla de chocolate y siga batiendo.

3 Bata la crema de leche en un bol e incorpore lentamente el chocolate derretido hasta que quede uniforme, sin mezclar demasiado. Bata las claras a punto de nieve e incorpórelas con cuidado a la mezcla de chocolate.

4 Distribuya la *mousse* en tazas o platos individuales y déjela en el refrigerador al menos 2 h. Si le gusta menos firme, sáquela del refrigerador y déjela a temperatura ambiente antes de servir. Decore con virutas de chocolate o chocolate rallado (véase p. 13).

Para 6

**Prep. 20 min,
más enfriado
• cocinar 20 min**

Bizcocho de mora y manzana

Prepare este delicioso y reconfortante postre otoñal cuando el tiempo empiece a refrescar

INGREDIENTES

125 g de mantequilla, a temperatura ambiente

125 g de azúcar pulverizada para la masa

2 huevos grandes

175 g de harina con levadura, cernida

2 manzanas ácidas, tipo *bramley*, peladas, limpias y en trozos

250 g de moras

2 cdas. de azúcar pulverizada para el relleno y un poco para espolvorear (opcional)

PREPARACIÓN

1 Precaliente el horno a 180 °C (gas 4). En un bol, mezcle la mantequilla y el azúcar con un batidor de varillas hasta obtener una mezcla clara y cremosa. Añada los huevos de uno en uno; agregue 1 cucharada de la harina después de cada huevo. Incorpore y mezcle la harina restante y reserve. Ponga las manzanas y las moras en la refractaria, agregue también el azúcar pulverizada y 2 cucharadas de agua fría. Reparta la masa del bizcocho por encima y alise la superficie.

2 Hornee 50 min, o hasta que quede bien dorado y firme al tacto; si se le clava un palillo, debe salir limpio. Sirva caliente y con azúcar pulverizada espolvoreada por encima, si lo desea.

Para 6

Prep. 20 min • cocinar 50 min

Batidor de varillas • bandeja de horno de 1,2 l

Se puede congelar en la fuente, envuelto en papel de aluminio, hasta tres meses

Islas flotantes

En este delicioso postre francés, las islas de merengue hervido en leche flotan sobre la crema pastelera con sabor a vainilla

INGREDIENTES

450 ml de leche
300 ml de crema de leche para batir
175 g de azúcar pulverizada más 2 cdtas. extra
1 vaina de vainilla (opcional)
2 cdtas. de harina de maíz
4 yemas de huevo
1 cdta. de extracto de vainilla
3 claras de huevo
2 cdas. de chocolate rallado para servir

PREPARACIÓN

1 Ponga la mitad de la leche en una cacerola con la crema de leche, 2 cdtas. de azúcar y la vaina de vainilla. Póngalo todo a fuego lento y en cuanto hierva retírelo y déjelo reposar 30 min para que los sabores se asienten. Retire la vaina de vainilla.

2 Mezcle la harina de maíz en un bol con un poco de leche fría. Vierta la leche con vainilla en el bol, sin dejar de revolver. Devuélvala a la cacerola y llévela a ebullición sin dejar de revolver. Déjela hervir a fuego lento 2 min para que la harina se cocine.

3 Bata las yemas en un bol y vierta la leche caliente, sin dejar de batir. La crema pastelera debería ser lo suficientemente densa como para pegarse a la cuchara; si no es así, póngala a fuego lento y revuelva hasta que espese. No deje que hierva, o se cortará. En este paso, añada el extracto de vainilla. Viértala en un bol, cúbrala con papel sulfurizado mojado para que no se forme una costra y déjela enfriar.

4 Ponga el resto de la leche y 300 ml de agua en una sartén honda, llévelas a ebullición y reduzca el fuego para que hierva a fuego lento.

5 Bata las claras a punto de nieve. Vaya añadiendo poco a poco el azúcar restante para hacer el merengue. Con mucho cuidado, ponga 3 ó 4 cdas. de merengue en la leche a fuego lento. No ponga más de 4 a la vez, pues las «islas» doblarán de tamaño. Deje que se cocinen 1 min y deles la vuelta una sola vez. Sáquelas con una espumadera y póngalas a secar sobre una servilleta. Repita hasta acabar el merengue y resérvelas hasta que se enfríen.

6 Reparta la crema pastelera en los platos de servir y ponga en cada uno 1 ó 2 islas flotantes, espolvoreadas con chocolate rallado.

Para 4

Prep. 15 min,
más reposo
• cocinar 30 min

Merengues de azúcar morena

El azúcar morena le aporta un delicioso sabor a caramelo

INGREDIENTES

4 claras de huevo
200 g de azúcar morena suave

PREPARACIÓN

1 Precaliente el horno a 130 °C (gas ½). Bata las claras a punto de nieve en un bol limpio. Añada el azúcar a razón de 2 cdas. cada vez. Siga batiendo.

2 Forre dos latas de horno con papel sulfurizado y vaya poniendo merengues con una cuchara de postre. Hornéelos 1 h o hasta que estén crujientes por fuera y blandos por dentro (véase p. 10). Ideales rellenos de crema batida y con un chorro de chocolate derretido.

36 unidades

**Prep. 20 min
• cocinar 1 h**

Quindim

Este postre dulce, cremoso y rico, es habitual en las fiestas en Brasil

INGREDIENTES

4 yemas de huevo
100 g de azúcar pulverizada
2 cdas. de coco fresco rallado
60 ml de leche de coco
coco rallado tostado para servir

PREPARACIÓN

1 Precaliente el horno a 180 °C (gas 4). Bata las yemas de huevo y el azúcar en un bol hasta que queden claras y cremosas. Añada el coco fresco y la leche de coco y revuelva hasta que queden bien mezclados. Vierta la mezcla en los moldes.

2 Ponga los moldes en una lata de horno y vierta agua hasta la mitad de la altura de los moldes.

3 Hornee entre 25 y 30 min o hasta que los postres estén cocidos. Saque los moldes, déjelos enfriar y páselos al refrigerador al menos 3 o 4 h antes de servir.

Para 4

**Prep. 15 min,
más enfriado
• cocinar 25–30 min**

**Enfriado
3–4 h**

**4 moldes
individuales de
cerámica**

Brazo de gitano de merengue al limón

Un toque diferente al tradicional relleno

INGREDIENTES

5 claras de huevo
225 g de azúcar pulverizada
½ cdta. de vinagre de vino blanco
1 cdta. de fécula de maíz
½ cdta. de extracto de vainilla
250 ml de crema de leche
4 cdas. de crema de limón
azúcar glas para espolvorear

PREPARACIÓN

1 Precaliente el horno a 180 °C (gas 4) y forre el molde con papel sulfurizado.

2 Bata las claras a punto de nieve. Siga batiendo a una velocidad más lenta y añada el azúcar. Hágalo en varias tandas. Incorpore lentamente el vinagre, la fécula de maíz y el extracto de vainilla.

3 Extienda la masa por el molde y hornee 15 min en el centro del horno. Retírela y déjela enfriar.

4 Entre tanto, bata la crema de leche e incorpore la crema de limón hasta que se mezclen bien.

5 Dé la vuelta a la masa sobre otra hoja de papel sulfurizado, extienda sobre ella la crema de limón de manera uniforme y enróllela. Mantenga el brazo de gitano cubierto y en el refrigerador hasta la hora de servir. Espolvoree con azúcar glas.

Para 8

Prep. 30 min • cocinar 15 min

Molde bajo (25 x 35 cm) o molde para brazo de gitano

Congelar hasta dos meses

Frutas rojas con almíbar de cítricos

Los jugosas frutas rojas quedan aún mejor con un dulce almíbar de naranja y limón

INGREDIENTES

500 g de frutas rojas variadas, como frambuesas,
    fresas y grosellas*
125 g de azúcar pulverizada
ralladura de 1 limón
1 cda. de jugo de naranja
hojas de menta**

PREPARACIÓN

1 Ponga las frutas en una bandeja y déjelas aparte.

2 Mezcle el azúcar con 120 ml de agua en una cacerola de base gruesa. Caliente a fuego lento hasta que el azúcar se disuelva, revolviendo de vez en cuando. Suba el fuego y deje hervir unos 5 min. Retire la cacerola del fuego y déjela enfriar. Añada la ralladura de limón y el jugo de naranja.

3 Rocíe las frutas con el almíbar y añada las hojas de menta. Déjelas macerar 10 min antes de servir.

---

* Use agrás como alternativa a las grosellas.

** Use hierbabuena como alternativa a la menta.

Para 4

**Prep. 5 min,
más macerado
• cocinar 10 min**

Lassi dulce

No hay mejor manera de refrescarse tras un *curry* picante que una copa de *lassi* bien frío

INGREDIENTES

500 g de yogur natural espeso
300 ml de leche
unas gotas de agua de rosas
1 cda. de azúcar pulverizada
4 cdas. de hielo picado
bayas de cardamomo para servir

PREPARACIÓN

1 Bata el yogur con la leche, la esencia de rosas y el azúcar hasta que queden bien mezclados y espumosos; vierta la mezcla en copas altas con hielo picado. También se pueden mezclar los ingredientes en un procesador de alimentos hasta que el *lassi* quede espumoso.

2 Esparza un poco de cardamomo por encima antes de servir.

Para 4

Prep. 5 min

Paskha

Este tradicional postre de Pascua ruso se suele hacer en un recipiente de madera especial, pero aquí usaremos una maceta

INGREDIENTES

90 ml de crema de leche para batir
1 vaina de vainilla partida a lo largo
1 yema de huevo
45 g de azúcar pulverizada
60 g de mantequilla sin sal blanda
350 g de requesón o *ricotta*
45 g de fruta confitada picada más un poco para servir
45 g de almendras blanqueadas y picadas
45 g de chocolate negro en trocitos

PREPARACIÓN

1 Ponga la crema de leche en una cacerola pequeña y agregue las semillas de vainilla. Ponga a fuego lento hasta que esté muy caliente pero no hirviendo. Mezcle la yema de huevo con el azúcar en un bol, viértala en la crema y mezcle bien. Deje enfriar la mezcla.

2 Mezcle la mantequilla y el queso y luego añádales la mezcla de la crema. Añada la fruta confitada, las almendras y el chocolate, sin dejar de revolver.

3 Forre el interior de la maceta con una doble capa de muselina y vierta en ella la mezcla. Póngala en una rejilla sobre un plato y déjela refrigerar de uno a tres días para que escurra bien.

4 Para servir, dele la vuelta sobre un plato y decore con tiras de fruta confitada.

Para 4

Prep. 40 min, más escurrido (1–3 días)

Se aconseja prepararlo 1–3 días antes para que escurra bien

Una maceta nueva y limpia de 10 cm
• muselina

Merengue de limón y praliné

Un postre con mucha presencia pero fácil de hacer

INGREDIENTES

3 claras de huevo
una pizca de sal
175 g de azúcar pulverizada

Para el praliné

60 g de azúcar granulada
60 g de almendras enteras blanqueadas
una pizca de crémor tártaro

Para el relleno

150 ml de crema de leche
3 cdas. de crema de limón
85 g de chocolate negro

PREPARACIÓN

1 Precaliente el horno a 130 °C (gas ½) y forre una lata de horno grande con papel sulfurizado.

2 Bata las claras con la sal a punto de nieve. Añada 2 cdas. de azúcar y siga batiendo hasta que queden suaves y brillantes. Continúe añadiendo azúcar a cucharadas, batiendo cada vez. Con una cuchara, pase la mezcla a una manga pastelera con boquilla en estrella y forme seis discos de 10 cm de diámetro sobre la lata forrada (véase p. 11). Hornéelos 1 h y 30 min, o hasta que estén crujientes.

3 Entre tanto, haga el praliné. Engrase una bandeja de horno y ponga el azúcar, las almendras y el crémor tártaro en una cacerola pequeña y pesada. Póngala a fuego medio y revuelva hasta que se derrita el azúcar. Deje que hierva hasta que el almíbar quede dorado y viértalo en la bandeja engrasada. Espere a que se enfríe por completo y córtelo en trozos irregulares.

4 Cuando esté listo para servir, bata la crema de leche hasta que quede semibatida e incorpore la crema de limón. Derrita el chocolate al baño María y vierta un poco en cada merengue (véase p. 13). Déjelo enfriar y añada la crema de limón encima. Espolvoree con los trocitos de praliné y sirva.

Para 6

Prep. 35 min
• cocinar
1 h 30 min

Manga pastelera
con boquilla en
estrella

Tarrina de frutas del bosque

Todos los sabores del verano en una impresionante tarrina

INGREDIENTES

75 g de azúcar pulverizada
90 ml de jarabe de flores de sauco*
jugo de 1 limón
2 cdas. de gelatina sin sabor
225 g de frambuesas
115 g de grosellas rojas **
140 g de agrás
225 g de fresas maduras en cuartos
algunas frutas para decorar

PREPARACIÓN

1 Ponga el azúcar en una cacerola con 450 ml de agua. Caliente a fuego lento hasta que se disuelva el azúcar. Lleve a ebullición y deje hervir durante 1–2 min. Deje enfriar un poco y añada el jarabe de flores de sauco y el jugo de limón, revolviendo.

2 Ponga 4 cdas. de agua tibia en un bol y luego espolvoree la gelatina por encima. Déjela en remojo 2 min. Ponga el bol al baño María y revuelva hasta que la gelatina se haya disuelto. Añádala al jarabe y revuelva.

3 Ponga el molde sobre una bandeja. Ponga hielo picado alrededor (hasta la mitad) y vierta un poco de agua sobre el hielo. Reparta las frambuesas en el fondo del molde y cúbralas con jarabe. Déjelo cuajar.

4 Distribuya por encima las grosellas y el agrás. Agregue suficiente jarabe para cubrirlas y espere a que cuaje. Finalmente, añada las fresas y vierta el jarabe que queda. Lleve la bandeja al refrigerador y deje enfriar al menos 3 h (preferiblemente toda la noche) para que cuaje.

5 Para desmoldar, bañe el molde en agua caliente unos segundos y dele la vuelta sobre una bandeja. Retire el molde con cuidado y decore con frutas.

---

*   Use almíbar mezclado con mermelada de agrás o sauco como alternativa al jarabe.

** Use sauco o granada como alternativa a las grosellas rojas.

Para 4–6

**Prep. 45 min,
más enfriado
• cocinar 5 min**

**Enfriado 3 h o
toda la noche
si es posible**

**Molde alargado
antiadherente
de 900 g**

58

Flan

Un clásico postre de cremosa textura rematado con caramelo

INGREDIENTES

175 g de azúcar
1 vaina de vainilla
600 ml de leche entera
4 huevos
4 yemas de huevo
60 g de azúcar pulverizada

PREPARACIÓN

1 Precaliente el horno a 160 °C (gas 3). Vierta agua hirviendo en las flaneras y déjelas aparte. Ponga el azúcar en una cacerola grande a fuego lento hasta que se disuelva. Moje un pincel de cocina en agua fría y repase con él los lados de la cacerola, allá donde se formen cristales. Suba el calor y deje que hierva, moviendo suavemente la cacerola hasta que el caramelo empiece a oscurecerse. Introduzca la cacerola en un bol lleno de agua fría para cortar rápidamente la cocción (véase p. 12).

2 Con mucha rapidez, vacíe las flaneras y reparta el caramelo caliente entre ellas. Múevalas con suavidad hasta que el caramelo llegue a media altura. Déjelas enfriar aparte.

3 Con un cuchillo afilado, abra la vaina de vainilla y quite las semillas. Ponga la vaina y las semillas en una cacerola con la leche y déjela al fuego hasta que esté a punto de hervir. Retire del fuego y descarte la vaina.

4 Bata los huevos, las yemas y el azúcar pulverizada en un bol grande. Añada la leche tibia con la vainilla, batiendo hasta que se mezclen, y vierta la mezcla final en las flaneras. Coloque las flaneras en una bandeja de hornear, añada agua hasta que llegue a media altura de las flaneras y póngala en el horno 25–30 min o hasta que los flanes estén cocidos en el centro. Saque las flaneras, déjelas enfriar y guárdelas en el refrigerador hasta el momento de servir.

5 Despegue el flan de la flanera con suaves golpecitos con los dedos. Ponga un platico de servir encima y dele la vuelta.

Para 4

Prep. 20 min,
más enfriado
• cocinar 35–40 min

4 flaneras
de 200 ml

Tiramisú rápido

Uno de los postres más apreciados de Italia. Recibe su nombre, que significa «levántame», del café *espresso*

INGREDIENTES
120 ml de café *espresso* frío
75 ml de licor de café
350 g de queso *mascarpone*
3 cdas. de azúcar pulverizada
350 ml de crema de leche para batir
14 bizcochos de soletilla
cocoa para decorar
chocolate negro rallado grueso para decorar

PREPARACIÓN
1 Mezcle el café y el licor en un bol ancho y no muy hondo y reserve.

2 Bata el queso *mascarpone* con el azúcar en un bol durante 1 o 2 min, hasta que el azúcar se haya disuelto. En otro bol, bata la crema de leche e incorpórela a la mezcla del *mascarpone*. Ponga un par de cucharadas de la mezcla final en el fondo de una bandeja para servir.

3 Bañe siete bizcochos de uno en uno en la mezcla del café, dispóngalos en la fuente de servir sobre el *mascarpone,* en una capa y uno al lado de otro, y cúbralos con la mitad de la mezcla de *mascarpone*. Repita el proceso con los otros siete bizcochos y remate con todo el *mascarpone* restante. Alise la superficie. Cubra la fuente con plástico adherente y póngala en el refrigerador durante 4 h como mínimo.

4 Cubra la superficie del tiramisú con cocoa y esparza por encima el chocolate rallado (véase p. 13) antes de servir.

Para 4

Prep. 20 min, más reposo y enfriado (mínimo 4 h)

Enfriado 4 h

Pannacotta con salsa de fresa

La fresa es solo una de las frutas de temporada que puede acompañar este cremoso postre italiano

INGREDIENTES

½ sobre de gelatina sin sabor
300 ml de crema de leche para batir
4 cdas. de azúcar pulverizada
1 cdta. de esencia de vainilla
250 g de fresas limpias más algunas para decorar

PREPARACIÓN

1 Vierta 2 cdas. de agua en un bol pequeño resistente al calor, espolvoree la gelatina por encima y déjela reposar 3–5 min, o hasta que quede esponjosa. Llene un cuarto de una cacerola con agua, llévela a ebullición y retírela del fuego. Ponga dentro el bol con gelatina y déjelo hasta que esta se disuelva, sacudiéndolo de vez en cuando.

2 Ponga la crema de leche con 2 cdas. de azúcar en otra cacerola a fuego medio y llévela hasta casi ebullición, revolviendo hasta que el azúcar se disuelva. Apague el fuego y añada la vainilla. Añada la gelatina lentamente pero de manera regular. Vierta la mezcla en los moldes y, cuando se haya enfriado, cúbralos con plástico adherente y refrigérelos al menos 3 h hasta que la gelatina esté firme.

3 Entre tanto, triture las fresas en un procesador de alimentos. Añada 1–2 cdas. de azúcar a su gusto, cúbralas y resérvelas.

4 Para servir, sumerja brevemente el fondo de los moldes en agua caliente. Póngales encima un platico de servir y vuelque las pannacottas, dando golpecitos en las paredes de cada molde. Rocíelas con el puré de fresa y decore con fresas enteras.

Para 4

Prep. 5 min, más enfriado (mínimo 3 h)

Enfriado 3 h

4 moldes de pudín de 150 ml • procesador de alimentos o licuadora

Batido de chocolate

Los niños estarán encantados con este postre consistente y cremoso, elaborado con sus ingredientes favoritos

INGREDIENTES

85 g de chocolate con leche muy troceado,
   más unas virutas para servir
150 ml de agua hirviendo
600 ml de leche
4 bolas de helado de chocolate
4 bolas de helado de vainilla

PREPARACIÓN

1 Ponga el chocolate en una licuadora. Añada agua hirviendo y mezcle hasta que quede totalmente suave.

2 Añada la leche y el helado de chocolate y vuelva a mezclar hasta que quede espeso y cremoso.

3 Vierta en 4 vasos y remate cada uno con 1 bola de helado de vainilla. Espolvoree con virutas de chocolate y sírvalo de inmediato.

Para 4

Prep. 8–10 min

Licuadora o procesador de alimentos

Semifrío de fresa

Un helado italiano con un toque extra: su textura y dulzura se consiguen con merengues aplastados

INGREDIENTES

225 g de fresas, más unas pocas fresas y grosellas* para decorar
250 ml de crema de leche para batir
50 g de azúcar pulverizada
115 g de merengues triturados
3 cdas. de licor de frambuesa

Para el *coulis*

225 g de fresas limpias
25–50 g de azúcar glas
1–2 cdtas. de jugo de limón, *brandy*, *grappa* o vinagre balsámico

PREPARACIÓN

1 Engrase un poco el molde con aceite vegetal, forre la base con papel sulfurizado y resérvelo.

2 En la licuadora o con el procesador de alimentos, haga un puré con las fresas. Bata la crema de leche junto con el azúcar pulverizada e incorpórele el puré de fresa y luego los merengues triturados y el licor. Vierta la mezcla en el molde, alise la superficie y cúbralo con plástico adherente. Déjelo en el congelador durante al menos 6 h o, si es posible, toda la noche.

3 Entre tanto, prepare el *coulis* de fresa. En la licuadora o el procesador de alimentos, haga un puré con las fresas y cuélelo para eliminar las semillas. Añádale 25 g de azúcar glas, revuelva y pruébelo: añada más si no queda bastante dulce. Luego, aromatícelo con jugo de limón o el licor que prefiera.

4 Antes de servir, desmolde el semifrío, retire el papel y, con un cuchillo tibio, corte las porciones. Sírvalas en platicos individuales sobre una base de *coulis* y adornadas con fresas y grosellas.

---

* Use sauco o agrás como alternativa a las grosellas.

Para 6–8

Prep. 20 min, más congelado (mínimo 6 h)

Congelado 6 h o toda la noche si es posible

Molde desmontable de 20 cm
• Licuadora o procesador

Congelar hasta tres meses

Naranjas en almíbar

El dulzor del almíbar combina con el jugo de la fruta

INGREDIENTES
4 naranjas
225 g de azúcar pulverizada
crema agria para servir

PREPARACIÓN

1 Con un pelador de papas, pele una naranja sin llegar a la médula blanca y corte la cáscara en tiritas finas. Resérvelas.

2 Pele las demás naranjas enteras. Córtelas en rodajas y reconstruya la forma de la naranja. Póngalas en un bol.

3 Ponga el azúcar en una cacerola con 150 ml de agua. Caliente a fuego lento y, cuando el azúcar se haya disuelto, suba el fuego y deje que hierva 8–10 min o hasta que tome un color marrón-dorado.

4 Añada las tiras de cáscara de naranja y cocine, sin dejar de mover, entre 4 y 5 min o hasta que se ablanden. Vierta el almíbar sobre las naranjas y déjelas reposar toda la noche.

5 Sirva cada naranja abierta como un abanico, en un platico individual y con 1 cda. de crema agria. Rocíela con un chorrito de almíbar.

Para 4

Prep. 10 min, más reposo • cocinar 15 min

Prepárelo un día antes de servirlo para que se mezclen los sabores

Sorbete de limón

Aunque se suele tomar como refresco en los días calurosos, también es excelente como postre tras una copiosa comida

INGREDIENTES

6 limones
115 g de azúcar pulverizada
espirales de corteza de limón para decorar

PREPARACIÓN

1 Ponga el congelador a la máxima potencia y deje en él vasos o copas de postre. Con un pelador especial de punta en forma de V, pele en julianas la corteza de 4 limones. Ralle la corteza de los 2 limones restantes y resérvela aparte.

2 Disuelva el azúcar en 250 ml de agua en una cacerola pequeña, a fuego medio. Suba el fuego y lleve a ebullición; deje hervir 5 min hasta obtener un almíbar claro.

3 Vierta el almíbar en un bol o un recipiente no muy hondo. Añada las julianas de corteza de limón, revolviendo, y deje que se enfríe del todo.

4 Entre tanto, exprima los limones hasta obtener unos 250 ml de jugo. Retire las julianas de corteza de limón del almíbar y añada, revolviendo, el jugo y la ralladura.

5 Póngalo en el congelador 1 ó 2 h, hasta que quede helado en los bordes y como aguanieve en el centro. Cada 30 min, rompa el hielo con un tenedor. Siga durante unas 4 h o hasta que la mezcla tenga la textura del hielo picado. Déjela en el congelador hasta el momento de servir (véase p. 7).

Para 4

Prep. 5–10 min, más enfriado y congelado • cocinar 5 min

Congelado 4 h

Recipiente para congelar

Congelar hasta un mes

Sorbete de café

La textura del granizado debería ser como de hielo picado

INGREDIENTES

100 g de azúcar pulverizada
$\frac{1}{2}$ cdta. de extracto de vainilla
300 ml de café exprés muy fuerte y frío

PREPARACIÓN

1 Ponga el congelador a la máxima potencia e introduzca en él vasos o copas de postre. Disuelva el azúcar en 300 ml de agua en una cacerola a fuego medio. Suba el fuego y llévela a ebullición; déjela hervir 5 min hasta que se forme un almíbar ligero.

2 Vierta el almíbar en un bol o recipiente no muy hondos. Añada la vainilla y el café, revolviendo, y déjelo aparte hasta que se enfríe del todo.

3 Póngalo en el congelador. Cada 30 min más o menos, rompa los trozos congelados con un tenedor y continúe así unas 4 h o hasta que la mezcla tenga la textura de hielo picado. Deje el granizado en el congelador hasta el momento de servir (véase p. 7).

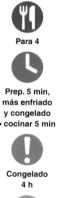

Para 4

Prep. 5 min, más enfriado y congelado • cocinar 5 min

Congelado 4 h

Recipiente para congelar

Helado de vainilla

Nada supera a un cremoso helado casero de vainilla: querrá repetir una y otra vez

INGREDIENTES

1 vaina de vainilla
300 ml de leche
3 yemas de huevo
85 g de azúcar pulverizada
300 ml de crema de leche para batir

PREPARACIÓN

1 Abra la vainilla, separe las semillas y ponga todo con la leche en una cacerola grande y pesada. Cuando esté a punto de hervir, retire del fuego, tape y deje reposar unos 30 min.

2 Bata las yemas con el azúcar en un bol grande. Vierta la leche con vainilla y devuelva la mezcla a la cacerola, esta vez colada. Póngala a fuego lento sin dejar de revolver hasta que espese un poco y se adhiera al dorso de la cuchara. No deje que hierva, o se cortará. Devuelva la mezcla al bol y déjela enfriar por completo.

3 Añada la crema de leche a la mezcla, batiendo. Para hacer el helado a mano, ponga esta mezcla en el congelador, en un recipiente adecuado, al menos 3–4 h y vuelva a batirla para romper los cristales de hielo; déjela 2 h más y repita el proceso. Luego, déjela en el congelador hasta el momento de servir. Si utiliza máquina de helados, vierta la mezcla en el bol especial y siga las instrucciones del fabricante. Debería llevarle 20–30 min. Pase el helado a un recipiente adecuado y congélelo hasta que lo necesite.

4 Para servirlo, sáquelo del congelador unos 20–30 min antes.

Para 4

Prep. 25 min, más congelado • cocinar 12 min

Congelado 4 h

Máquina de helados • recipiente para congelar

Congelar hasta tres meses

Eton Mess

Según la leyenda, lo inventó un estudiante al caérsele una cesta
con los ingredientes

INGREDIENTES

350 g de fresas maduras en rodajas
2 cdas. de azúcar pulverizada
2 cdas. de jugo de naranja o de licor de naranja
300 ml de crema de leche para batir
125 g de merengues

PREPARACIÓN

1 Ponga las fresas en un bol, espolvoréelas con azúcar, añada el jugo de naranja
y aplástelas con un tenedor.

2 Bata la crema de leche. Parta los merengues en trocitos.

3 Añada el merengue a la crema de leche batida. Remate con las fresas y su jugo, y revuelva
todo. Sírvalo de inmediato.

Para 4

Prep. 10 min

Sorbete de naranja

Los sorbetes a base de jugos se sirven en los restaurantes entre platos, para limpiar el paladar. También son un delicioso postre de verano

INGREDIENTES

2 naranjas grandes
125 g de azúcar pulverizada
1 cda. de agua de azahar
1 clara de huevo

PREPARACIÓN

1 Con un pelador de verduras, corte la corteza de las naranjas en julianas finas, desechando la parte blanca. En una cazuela a fuego lento, ponga el azúcar y 300 ml de agua hasta que el azúcar se disuelva. Añada la piel de naranja y déjelo hervir a fuego lento 10 min. Deje que se enfríe un poco.

2 Exprima el jugo de las naranjas y añádale la mezcla de azúcar. Para obtener el máximo jugo posible, caliente las frutas frotándolas con las manos o sobre una superficie de trabajo antes de exprimirlas.

3 Añada el agua de azahar al almíbar de naranja, revuelva y cuélelo en un recipiente hondo. En un bol aparte, muy limpio, bata las claras de huevo a punto de nieve e incorpórelas a la mezcla de naranja.

4 Si no dispone de máquina de helados, vierta la mezcla en un recipiente adecuado y póngala en el congelador durante al menos 4 h o hasta que quede casi congelada. Rompa los cristales en trocitos con un tenedor y vuelva a congelar. Si usa una máquina de helados, vierta la mezcla en un contenedor, póngalo en el compartimento para helar y bata según las instrucciones del fabricante. Transfiérala a un recipiente adecuado y congélela hasta el momento de servir (véase p. 8).

5 Saque el sorbete del congelador 15–30 min antes de servir para que se ablande un poco.

Para 4

Prep 10 min, más congelado • cocinar 15 min

Congelado 4 h

Máquina de helados • recipiente para congelar

Congelar hasta tres meses

Cassata de helado

El helado, uno de los ingredientes favoritos de la cocina italiana, hace irresistible este tipo de *cassata*

INGREDIENTES

175 g de azúcar pulverizada
4 yemas de huevo
1 cdta. de extracto de vainilla
300 ml de crema de leche semibatida
60 g de cerezas glaseadas, lavadas y poco picadas
60 g de orejones de albaricoque en trozos grandes
60 g de piña seca en trozos grandes
30 g de pistachos pelados triturados
200 g de frambuesas frescas

PREPARACIÓN

1 Ponga el azúcar en una cacerola con 120 ml de agua y lleve a ebullición. Deje hervir 5 min o hasta obtener un almíbar espeso.

2 Bata las yemas con una batidora eléctrica, añadiendo poco a poco el almíbar tibio, hasta que la mezcla resultante quede pálida y espesa. Incorpore la vainilla y la crema de leche semibatida. Saque un tercio de la mezcla para ponerla en un bol pequeño y añada las frutas secas. Cúbralo y métalo en el refrigerador.

3 Presione las frambuesas contra un colador para extraer las semillas; luego incorpore el puré de frambuesa a la mezcla restante y póngala en el bol más grande. Meta el bol más pequeño dentro del grande, centrado y asegurado con cinta adhesiva: la mezcla de frambuesa se elevará alrededor del bol central. Congele durante 3–4 h, o hasta que quede firme.

4 Quite la cinta adhesiva y vierta un poco de agua caliente en el bol central para despegarlo. Con una cuchara, vierta la mezcla con frutas secas en el espacio que ocupaba este bol y nivele la parte superior para formar la *cassata*. Cúbrala y congélela toda la noche.

5 Para servir, moje el bol con agua caliente unos segundos y vuélquelo sobre una fuente. Corte en porciones.

Para 6–8

Prep. 25 min, más congelado • cocinar 10 min

Congelado 4 h

Batidora eléctrica • un bol de 900 ml y otro de 600 ml

Congelar hasta cuatro meses

Helado de fresa

Rico y cremoso, este helado de fresa se puede mejorar con sabores tropicales: coco, ron y lima

INGREDIENTES
400 ml de leche de coco
200 g de chocolate blanco picado
150 g de fresas
4 cdas. de azúcar pulverizada
300 ml de crema de leche para batir
2 cdas. de ron blanco
ralladura y jugo de 1 lima
gajos de lima para servir
fresas cortadas por la mitad para servir

PREPARACIÓN
1 Ponga la leche de coco y el chocolate blanco picado en una cacerola pequeña a fuego lento, revolviendo de vez en cuando, hasta que se derrita el chocolate. Déjelo aparte para que se enfríe un poco.

2 Ponga las fresas y el azúcar en la licuadora y haga un puré con ellos. Bata la crema a punto de nieve e incorpórela a la mezcla de chocolate junto con el puré de fresas, el ron blanco y la corteza y el jugo de lima.

3 Viértalo en un recipiente y métalo en el congelador unas 5–6 h, rompiendo los cristales de la mezcla con el tenedor cada 30 min, o hasta que esté firme. Sirva en bolas, con los gajos de lima y las fresas cortadas.

Para 4

Prep. 15 min, más congelado

Congelado 5–6 h

Licuadora • recipiente para congelar

Tras la congelación inicial, se puede guardar congelado en una bolsa hermética hasta tres meses

Parfait de café y pistacho

Un *parfait* es un suave y rico helado con almíbar caliente

INGREDIENTES

1 vaina de vainilla
225 g de azúcar pulverizada
1 cda. de café instantáneo en polvo
1 cda. de agua hirviendo
6 yemas de huevo
4 cdas. de marsala
300 ml de crema de leche para batir
150 ml de yogur griego
125 g de pistachos, pelados y picados gruesos,
   más unos pocos para adornar
pétalos de rosa para decorar (opcional)

PREPARACIÓN

1 Engrase ligeramente un molde de pastelería y fórrelo. Abra la vaina de vainilla, extraiga las semillas y póngalas en una cacerola con 100 ml de agua. Añada el azúcar, moviendo, y caliente hasta que se disuelva. Suba el fuego y hierva 2 min o hasta que quede un sirope. Disuelva el café en agua hirviendo y añádalo al almíbar. Déjelo a un lado.

2 En un bol grande, bata las yemas y el marsala con una batidora eléctrica. Con el aparato en marcha, añada el almíbar de café en un chorrito lento. Bata 6–8 min o hasta que espese y aumente al menos al doble de su volumen.

3 Bata la crema de leche. Incorpórela a la mezcla de huevo con el yogur y 85 g de pistachos. Viértalo todo en el molde forrado y espolvoree encima los pistachos restantes. Congele unas 4 h o hasta que quede firme.

4 Moje la base del molde en agua caliente y extraiga el *parfait*. Córtelo en cuadraditos. Páselos a una bandeja forrada con papel sulfurizado y guárdelos en el congelador hasta el momento de servir.

5 Para servir, ponga el *parfait* en platos de postre helados. Remate cada cuadradito con pistachos y decore con pétalos de rosa, si lo desea.

Para 8

**Prep. 20 min,
más congelado
• cocinar 5–8 min**

**Congelado
4 h**

**Molde de pastelería
cuadrado de 20 cm o
recipiente de plástico
• batidora eléctrica**

**Congelar hasta
tres meses**

Copa de helado y frutas

Este apetitoso postre con helado, fruta, crema de leche y salsa suele servirse en copas altas

INGREDIENTES

2 duraznos
8 cdas. de salsa de fresa
8 bolas pequeñas de helado de fresa
4 bolas pequeñas de helado de chocolate
150 ml de crema de leche batida
1 cda. de grageas pequeñas de colores
4 cerezas confitadas
barquillos para servir

PREPARACIÓN

1 Ponga los duraznos en una cacerola de agua hirviendo durante 30 s para despegar la piel. Escurra y corte la fruta por la mitad, deseche el hueso, y pélela. Corte la pulpa en gajos y disponga unos cuantos en la base de 4 copas altas de helado o similares. Ponga encima una bola de helado de fresa y un chorro de salsa de fresa.

2 Siga haciendo capas con los siguientes gajos de melocotón, el helado de fresa y la salsa de fresa. Remate con una bola de helado de chocolate.

3 Añada 1 cda. de crema de leche batida al lado de la bola de chocolate y espolvoréela con las grageas. Decore cada copa con una cereza y barquillos.

Para 4

Prep. 15 min

Sorbete de mango

El mango, jugoso y aromático, hace de este sorbete un refrescante postre veraniego

INGREDIENTES

2 mangos grandes
200 g de azúcar pulverizada
jugo de 1 limón
1 clara de huevo

PREPARACIÓN

1 Corte el mango por la mitad, extraiga el hueso y deséchelo. Corte la pulpa en cuadritos regulares y dóblela hacia el lado de la piel para separarlos. Quite la piel.

2 Haga un puré con la pulpa en un procesador de alimentos. Páselo por un colador y póngalo en el refrigerador hasta que lo necesite.

3 Ponga a calentar lentamente 300 ml de agua en una cacerola con el azúcar, revolviendo de vez en cuando. Cuando el azúcar se haya disuelto, suba un poco el fuego y llévelo a ebullición, revolviendo. Déjelo hervir 1 min y apártelo hasta que se enfríe por completo.

4 Vierta el almíbar en el puré de mango, revolviendo, y luego añada el jugo de limón. Bata la clara a punto de nieve e incorpórela con cuidado a la mezcla de mango.

5 Vierta la mezcla en un recipiente adecuado y póngala en el congelador al menos 4 h, o hasta que parezca aguanieve. Con un tenedor, rompa los cristales de hielo y devuélvala al congelador hasta que quede sólida. También puede ponerla en una máquina de helados eléctrica y batir según las instrucciones del fabricante. A continuación pásela a un recipiente adecuado y congélela hasta que la vaya a usar.

6 Lleve el sorbete al refrigerador 15–30 min antes de servir. Sírvalo con una cuchara en vasos o copas.

Para 4

Prep. 15 min, más congelado • cocinar 10 min

Congelado 4 h

Máquina de helados eléctrica • Procesador de alimentos

Congelar hasta tres meses

Helado de pistacho

El pistacho es la semilla de un pequeño árbol de origen asiático, con un característico color verde claro y una fina cáscara dura

INGREDIENTES

300 ml de leche
$\frac{1}{2}$ cdta. de extracto de almendra
3 yemas de huevo
85 g de azúcar pulverizada
unas gotas de colorante alimentario o vegetal verde (opcional)
175 g de pistachos, pelados y picados gruesos,
   más unos pocos para decorar
300 ml de crema semibatida

PREPARACIÓN

1 Caliente la leche en una cacerola grande y llévela casi a ebullición.
Revuelva y añada el extracto de almendra.

2 Bata las yemas con el azúcar en un bol grande hasta que queden cremosas. Añada la leche, batiendo, y luego cuele la mezcla sobre la cacerola. Deje que cocine a fuego lento, sin dejar de revolver, hasta que espese ligeramente o se adhiera a la cuchara. No deje que hierva, o se cortará.

3 Viértala de nuevo en el bol y añada el colorante alimentario, si lo usa, y los pistachos, sin dejar de revolver. Déjela enfriar por completo. Cuando esté fría, incorpore la crema de leche.

4 Para hacer el helado a mano, vierta la mezcla en un recipiente adecuado y congélela durante 3–4 h. Con un tenedor, rompa los cristales de hielo y vuelva a congelarla 2 h. Repita el proceso, pero devuélvala al congelador hasta el momento de servir. Si lo hace en una máquina de helados, vierta la mezcla y bata según las instrucciones del fabricante. Debería tomarle 20–30 min. Pase la mezcla a un recipiente adecuado y congélela hasta la hora de servir.

5 Saque el helado del congelador 15 min antes de servir.
Sirva las bolas con pistacho picado por encima.

Para 4

Prep. 25–30 min, más congelado • cocinar 12–15 min

Congelado
6 h

Máquina de helados eléctrica • recipiente para congelar

Congelar hasta tres meses

GLOSARIO
TÉRMINOS Y EQUIVALENCIAS

Azúcar glas: azúcar glasé, azúcar *glass*. Tipo de azúcar algo más fina que la pulverizada y que cumple la misma función de esta.

Azúcar pulverizada: azúcar impalpable, azúcar en polvo, azúcar extrafina, azúcar flor, azúcar glass.

Blanquear (blanqueado): escaldar (escaldado).

Bizcochos de soletilla: bizcotelas, lengüitas de gato, deditos.

Crema agria: *sour cream*. Cuando no se consigue fácilmente a nivel local, puede prepararse mezclando una cucharada de jugo de limón con 200 g de crema de leche.

Gelatina sin sabor: colapez.

Grappa: vino Grappa. Aguardiente italiano de orujo (hollejo de uvas), con entre 38 y 50 grados de alcohol.

Incorporar: mezclar suavemente un ingrediente ligero con uno más espeso.

Jarabe de arce: miel de maple.

Kirsch: licor incoloro elaborado por destilación del jugo de una especie de cerezas silvestres que se cultivan en la Selva Negra de Alemania.

Marsala: vino italiano parecido al oporto y producido en la región de Marsala (Sicilia).

Orejones: albaricoques o duraznos deshidratados.

Pacana: pecana, pecán, nuez de pacana, nuez cáscara de papel.

Papel sulfurizado: papel de horno, papel vegetal.

Sabayón: sabajón.

Sirope dorado: sirope que tiene un mayor tiempo de cocción, por lo cual es más denso y su color es más dorado que el de los demás.

Yogur griego: yogur espeso y de alto contenido de grasa.

ÍNDICE

Londres, Nueva York, Melbourne,
Munich y Nueva Delhi

Diseño Elma Aquino

Auxiliar de edición Shashwati Tia Sarkar

Diseño de cubierta Nicola Powling

Producción Jennifer Murray

Índice analítico Marie Lorimer

DK INDIA

Consultoría editorial Dipali Singh

Diseño Neha Ahuja

Diseño de maqueta Tarun Sharma

Coordinación de maquetación Sunil Sharma

Coordinación de publicaciones Aparna Sharma

Material publicado originalmente en Reino Unido
en The Cooking Book (2008) y en Cook Express (2009)
por Dorling Kindersley Limited
80 Strand, Londres WC2R 0RL

Copyright © 2008, 2009 Dorling Kindersley
© Traducción en español Dorling Kindersley 2011

ISBN: 978-0-14242-483-4

Impreso y encuadernado en South China Printing Co. Ltd, China

Descubre más en
www.dk-es.com